I0026097

DE L'INFLUENCE DES SAISONS

SUR

LA MORTALITÉ AUX DIFFÉRENS AGES

DANS LA BELGIQUE,

Par A. Quetelet.

(LU A LA SÉANCE DU 10 FÉVRIER 1838.)

(2)

DE L'INFLUENCE DES SAISONS

SUR

LA MORTALITÉ AUX DIFFÉRENS AGES

DANS LA BELGIQUE [1].

Il n'est guère de recherches qui méritent plus l'attention des savans que celles qui ont pour objet d'étudier la mortalité de l'espèce humaine; cependant malgré les nombreux travaux entrepris pour en déterminer la loi, bien des données nous manquent encore sur ce sujet important. Ce n'est que vers la fin du XVIIe siècle, que

[1] Ce mémoire, composé depuis plusieurs années, a été lu, en 1835, à l'académie des sciences morales et politiques de l'Institut de France, qui en a donné une analyse et des extraits dans le tome Ier de ses *Mémoires*. Quelques additions y ont été faites depuis, surtout dans la partie qui concerne la Météorologie de la Belgique.

J. Graunt et l'astronome Halley calculèrent les premières tables de mortalité; cet exemple fut suivi par un grand nombre de savans, et leurs recherches reçurent un nouveau but d'utilité par la création des sociétés d'assurances sur la vie. Cette ingénieuse application de la science contribua plus que toute autre à populariser l'idée qu'il existe, pour l'espèce humaine, des lois qui s'accomplissent avec autant de régularité que celles qui concernent les phénomènes purement matériels.

L'expérience à son tour, en confirmant les résultats de la science, vint lui proposer de nouveaux problèmes à résoudre; elle fit connaître que la mortalité n'est pas la même pour les hommes et pour les femmes, et que, dans la formation des tables, il devenait essentiel d'établir la différence des sexes. Toutefois cette distinction, malgré son utilité bien constatée, n'a guère été admise encore par les sociétés d'assurances sur la vie, peut-être à cause de la difficulté de réunir des observations exactes.

Le séjour des villes ou des campagnes n'exerce par une influence moins sensible : il pouvait être intéressant de chercher également à la déterminer; je crois en avoir présenté un des premiers exemples en publiant, pour la Belgique, une table qui présente cette distinction en même temps que celle des sexes [1]. La science, en s'enrichissant de données nouvelles, parviendra sans doute à porter ces recherches beaucoup plus loin, et perfectionnera également les travaux qui déjà ont été entrepris par des savans distingués pour éclaircir plusieurs autres questions d'hygiène publique, et entre autres celle qui concerne l'influence des professions.

Il est une autre influence très-prononcée, moins utile sans doute à considérer pour les sociétés d'assurances, mais qui n'en offre pas moins un intérêt réel, et surtout pour les sciences médicales et l'histoire naturelle de l'homme; c'est celle qu'exercent les saisons.

---

[1] *Recherches sur la mortalité et la reproduction*, par MM. A. Quetelet et Smits, 1 vol. in-8°, Bruxelles, 1832; chez Haumann.

Déjà des recherches nombreuses ont été présentées sur ce sujet, et l'on a reconnu que, dans nos climats, les grands froids sont en général mortels pour l'espèce humaine; et que, pendant l'hiver, on compte un plus grand nombre de décès que pendant l'été. En m'occupant de cette question pour la Belgique, j'avais montré que l'influence des saisons est plus sensible encore dans les campagnes que dans les villes. Mais cette observation était trop complexe pour qu'on ne dût pas essayer d'analyser les faits particuliers qu'elle résume. Il était intéressant de rechercher si les rigueurs de l'hiver sont également funestes à tous les âges, et si les nombres *maxima* et *minima* des décès tombent invariablement dans les mêmes mois, aux différentes époques de la vie, ou s'ils se déplacent.

C'est cette question intéressante, mais difficile, que je me suis proposé d'examiner dans ce Mémoire; je n'ai point reculé devant les calculs longs et fastidieux auxquels j'ai dû me livrer; et pour compléter autant que possible mes recherches, j'ai formé des tableaux qui sont à la fois des tables de mortalité pour les différens mois, pour les hommes et les femmes, pour les villes et les campagnes. Je ne pense pas que ce sujet ait été embrassé d'une manière aussi générale, je ne pense pas même qu'on eût fait la distinction des mois dans aucune table de mortalité, avant l'essai qui en a été présenté dans les *Recherches sur la reproduction et la mortalité de l'homme.* Seulement quelques travaux spéciaux avaient été entrepris sur ce sujet, et particulièrement sur la mortalité des enfans nouveau-nés; un mémoire de MM. Villermé et H. Milne-Edwards, présenté à l'Académie royale des sciences de Paris, le 2 février 1829, et inséré dans les *Annales d'hygiène,* établissait les faits suivans pour les trois premiers mois qui suivent la naissance de l'enfant : 1° que le froid tend à accroître beaucoup les chances de mort pendant le premier âge de la vie; 2° que la continuité d'une température très-élevée exerce une influence analogue quoique moins marquée, et 3° que c'est une chaleur douce, mais non excessive, qui est l'état thermométrique le plus favorable à l'entretien de la vie des nouveau-nés. Je n'ai pu réussir à me procurer des documens semblables pour les autres époques de la vie, afin de faire des rapprochemens avec les résultats auxquels je suis parvenu de mon côté [1].

Les nombres dont je me suis servi, ont été puisés dans les documens officiels du bureau de statistique établi en Belgique, près le ministère de l'intérieur; ils embrassent environ 400,000 observations; ils concernent toute la Belgique, et se rapportent aux 5 années de 1827 à 1831. Cependant l'occupation de Maestricht et de Luxembourg a laissé des lacunes dans les tableaux dressés pour la partie orientale de notre royaume.

1. DE LA MORTALITÉ PENDANT LES DIFFÉRENS MOIS.

Pour considérer d'abord la question dans toute sa généralité, je ne ferai aucune distinction de sexe ni de localité; je prendrai les nombres tels qu'ils ont été donnés en définitive par le dépouillement des tableaux partiels des provinces. (*Voyez*, à la fin du Mémoire, le tableau n° 1 et le n° 1 *bis*, qui en est, en quelque sorte, le résumé.) Ces nombres montrent que l'influence des saisons est loin d'être la même pour les différens âges, quoique l'influence de l'hiver soit généralement plus défavorable que celle de l'été; on pourrait distinguer dans la vie humaine plusieurs périodes que je vais tâcher d'établir successivement, et afin de faire mieux saisir les résultats du tableau n° 1 *bis*, j'ai représenté, à chaque âge, la mortalité moyenne par l'unité; et de plus, j'ai eu égard, dans le tableau qui suit, à l'inégale longueur des mois.

[1] Depuis que ce Mémoire est écrit, il a paru un travail semblable de M. Lombard de Genève; portant aussi le titre de l'*Influence des saisons sur la mortalité à différens âges*. J'ai eu la satisfaction de voir que les résultats de l'auteur s'accordent à peu près identiquement avec ceux que j'avais déjà obtenus par des recherches antérieures. Quoiqu'ils ne comprennent que 17,623 décès, il est facile de reconnaître qu'ils établissent en général les mêmes faits que ceux que j'ai observés en Belgique; quelques déplacemens de *maxima* peuvent provenir des influences combinées de différentes causes qui doivent naturellement varier avec les localités.

Tableau montrant l'influence de l'âge et celle des saisons sur la mortalité.

AGES.	JANV.	FÉVR.	MARS.	AVRIL.	MAI.	JUIN.	JUILL.	AOUT.	SEPT.	OCTOB.	NOVEM.	DÉCEM.
De 0 à 1 mois.	1,39	1,28	1,21	1,02	0,93	0,83	0,78	0,79	0,86	0,91	0,93	1,07
1 à 3 »	1,39	1,18	1,15	0,95	0,89	0,82	0,83	0,94	0,83	0,92	0,97	1,13
3 à 6 »	1,24	1,06	1,02	0,90	0,95	0,95	0,99	1,06	0,99	0,94	0,86	1,02
6 à 12 »	1,28	1,21	1,27	1,18	1,06	0,84	0,76	0,87	0,81	0,82	0,86	1,03
12 à 18 »	1,10	1,11	1,24	1,30	1,25	1,03	0,88	0,81	0,74	0,77	0,78	0,98
18 à 24 »	1,23	1,18	1,21	1,18	1,03	0,84	0,80	0,76	0,75	0,81	1,01	1,18
2 à 3 ans .	1,22	1,13	1,30	1,27	1,12	0,94	0,82	0,73	0,76	0,78	0,91	1,01
3 à 5 »	1,23	1,16	1,26	1,29	1,13	0,94	0,78	0,74	0,73	0,79	0,89	1,05
5 à 8 »	1,20	1,17	1,32	1,24	1,20	0,96	0,78	0,74	0,76	0,75	0,85	1,02
8 à 12 »	1,08	1,06	1,27	1,34	1,21	0,99	0,88	0,82	0,81	0,76	0,80	0,96
12 à 16 »	0,95	0,95	1,14	1,14	1,19	1,04	0,97	0,95	0,96	0,81	0,86	1,04
16 à 20 »	0,93	0,94	1,07	1,18	1,15	1,03	1,00	0,99	0,89	0,87	0,95	1,01
20 à 25 »	0,97	1,00	1,09	1,02	1,09	0,96	0,90	0,92	0,96	0,95	1,03	1,11
25 à 30 »	1,05	1,04	1,11	1,06	1,02	1,02	0,91	0,96	0,95	0,93	0,97	0,97
30 à 40 »	1,11	1,13	1,11	1,04	0,99	0,92	0,85	0,94	0,99	0,95	0,94	1,03
40 à 50 »	1,17	1,15	1,13	1,05	0,99	0,86	0,86	0,94	0,93	0,87	0,95	1,11
50 à 65 »	1,30	1,22	1,11	1,02	0,93	0,85	0,77	0,85	0,89	0,90	1,00	1,15
65 à 75 »	1,43	1,32	1,18	0,99	0,91	0,77	0,71	0,80	0,88	0,86	0,98	1,17
75 à 90 »	1,47	1,39	1,16	1,01	0,87	0,77	0,67	0,75	0,84	0,84	1,00	1,21
90 et au delà.	1,58	1,48	1,25	0,96	0,84	0,75	0,64	0,66	0,76	0,74	1,03	1,29
MOYENNE . . .	1,26	1,20	1,17	1,08	1,00	0,88	0,80	0,84	0,86	0,86	0,94	1,09

Il est à remarquer d'abord que la première année qui suit la naissance présente, conformément à l'observation déjà faite par MM. Villermé et Edwards, pour les trois premiers mois, deux *maxima*
pour les décès, l'un très-prononcé entre janvier et février, l'autre
qui l'est moins et qui se présente six mois après en août. Je nom-
merai le premier *maximum absolu*, et l'autre *secondaire*. Il convient
toutefois de distinguer les résultats du premier mois, de ceux qui ap-
partiennent au reste de l'année. En faisant cette distinction, j'ai trouvé

contre mon attente, que, pour le premier mois qui suit la naissance, le *maximum* de l'été n'a pas été sensible, du moins dans les résultats généraux, et que le mois d'août, au contraire, offrait un *minimum* : « Nous aurions désiré, disent MM. Villermé et Edwards, » pouvoir comparer le nombre des naissances avec la mortalité des » enfans de zéro d'âge à un mois; mais nous n'avons pu nous pro- » curer que les tableaux de la mortalité des enfans âgés de moins » de trois mois. » Il est bien fâcheux, sans doute, que ces savans n'aient pu examiner séparément la mortalité pendant le premier mois de la vie; cela nous prive d'un moyen de comparaison précieux. D'après les tableaux de la Belgique, le *maximum* des décès de l'été n'est donc pas sensible jusqu'au second mois qui suit la naissance; mais à partir de cette époque, il se place au mois d'août et se prononce le plus fortement vers le milieu de la première année. Les deux *minima* qui étaient réunis sur août pour les nouveau-nés, se séparent ensuite de plus en plus jusqu'aux cinquième et sixième mois, et vont se placer, l'un en avril, l'autre en novembre; puis ils se rapprochent de nouveau, pour venir se confondre encore après la première année et au mois de septembre. Ce résultat singulier se reproduit, quand on considère séparément les tableaux de mortalité pour les deux sexes. Il se reproduit encore, en faisant la distinction des villes et des campagnes; mais le *maximum* de l'été se prononce dès le premier mois dans les villes. (*Voyez* les tableaux nos 2, 3, 4 et 5, à la fin du Mémoire.)

Les nombres qui établissent la distinction des villes et des campagnes, sont moins grands que ceux qui se rapportent à la distinction des sexes. Les premiers, en effet, n'ont pu être recuillis que pour les provinces des deux Flandres, d'Anvers, de Namur et du Hainaut.

Dans les résultats que je viens d'énoncer, je n'ai considéré que les nombres provenant du dépouillement des tableaux particuliers des provinces. On objectera sans doute qu'il convenait d'avoir égard aux nombres des naissances des différens mois, et qu'on pouvait s'attendre à ce que l'été, qui produit le moins de naissances, dût aussi produire le moins de décès chez les enfans nouveau-nés. Or, en y ayant égard, ainsi qu'à la longueur différente des mois de 28, 30 et 31 jours, j'ai calculé les valeurs suivantes :

Tableau indiquant la mortalité des nouveau-nés aux différens mois de l'année.

MOIS.	EN GÉNÉRAL.	GARÇONS.	FILLES.	CAMPAGNES.	VILLES.
Janvier	3954	2259	1695	1955	648
Février	3770	2226	1544	1938	639
Mars	3366	1889	1477	1654	571
Avril	3181	1835	1346	1590	557
Mai	3021	1730	1291	1453	553
Juin	2972	1776	1196	1390	507
Juillet	2778	1633	1145	1266	544
Août	2654	1492	1162	1150	539
Septembre	2771	1553	1218	1263	499
Octobre	2795	1674	1121	1291	507
Novembre	2935	1670	1265	1389	507
Décembre	3246	1847	1399	1519	601

Ainsi, en introduisant dans les calculs la double correction dont nous avons parlé, on trouve encore les mêmes résultats; cependant on peut remarquer une exception pour les filles : un *maximum* secondaire se prononce vers le mois de septembre. Il résulte de ce qui précède, qu'il est au moins très-douteux qu'il existe un *maximum* secondaire pour les décès des nouveau-nés; il faudrait pour décider cette question, un nombre d'observations beaucoup plus grand que celui que nous avons pu réunir. Il n'en est pas de même pour la mortalité des enfans après le premier mois qui suit la naissance : le *maximum* secondaire de l'été est si prononcé qu'il n'est pas nécessaire de recourir à un très-grand nombre d'observations pour constater son existence; on le retrouve d'ailleurs, en faisant les tableaux particuliers pour les garçons et les filles, pour les villes et les campagnes, et même dans les nombres de chaque mois donnés dans le tableau général. En tenant compte de la double correction dont il a été parlé précédemment, il devient plus évident encore, puisque les enfans nés pendant l'hiver, époque qui présente le *maximum* des naissances, vont produire successivement les décès d'avril, mai, juin et juillet dont les nombres forment des *minima*. D'une autre part, c'est en juillet qu'il naît le moins d'enfans, et cependant leurs décès forment un *maximum* secondaire en août, un mois après leur naissance. Il me semble résulter suffisamment de tous ces détails que l'observation faite par MM. Villermé et Edwards, sur un *maximum* secondaire de décès en été, indépendamment du *maximum* absolu de l'hiver, se vérifie en Belgique, non-seulement pour les trois premiers mois qui suivent la naissance, mais encore pour toute la première année; cependant ce *maximum* n'est pas sensible pour le 1er mois [1].

Le *maximum* secondaire dont il vient d'être parlé n'est point particulier à la mortalité des enfans; c'est ce que nous aurons occasion de voir bientôt, après avoir étudié la marche du *maximum* absolu.

Pour ne parler d'abord que du *maximum* absolu, on remarque qu'à partir de la première année jusque vers la douzième, il s'éloigne de janvier en se rapprochant, par une suite d'oscillations, du mois de mai.

Il se tient pendant quelque temps dans ce dernier mois, puis rétrograde et se rapproche encore jusqu'à 30 ans du mois de février; enfin, plus tard il se fixe sur ce mois jusqu'à la fin de la vie. Le *maximum* absolu des décès tombe en hiver pour la première enfance; puis, pendant le développement progressif de l'homme, il se rapproche de plus en plus de l'été, pour revenir encore se fixer en hiver, quand le développement physique est accompli.

---

[1] M. Lombard, dans les tableaux qu'il a dressés pour Genève, a obtenu pour le premier mois qui suit la naissance, des résultats conformes aux nôtres; il n'aperçoit pas non plus le *maximum* secondaire de l'été; mais il le trouve pour les enfans d'un à deux ans; seulement ce *maximum* secondaire se manifeste plus tard qu'en Belgique, et se présente aux mois de septembre et d'octobre. Il est à regretter que les nombres de Genève ne fassent pas la distinction des enfans de un et de deux ans, puisque leur mortalité diffère très-sensiblement d'après nos observations. Cette distinction du reste, aurait nécessité des nombres plus forts que ceux que M. Lombard a pu recueillir.

Quant au *minimum* absolu, à partir de la première année, il se place à peu près régulièrement à cinq ou six mois de distance du *maximum*, et tombe en août et septembre depuis la première année jusque vers la huitième; de huit à vingt ans, il se place en octobre, puis il vient se fixer en juillet jusqu'au dernier terme de la vie.

Comme je l'ai fait observer précédemment, il n'existe point de *maximum* secondaire après la première année, et jusque vers l'âge de douze ans; mais, à dater de cette époque de la vie, il s'en établit un au mois de décembre, et il se manifeste jusque vers vingt ans.

Après l'âge de vingt-cinq ans, le *maximum* secondaire quitte le mois de décembre, et vient se placer, d'une manière permanente, entre les mois d'août et de septembre; le *minimum* qui lui correspond est formé par la continuation du *minimum* absolu qui se trouvait en octobre et qui est allé se placer en juillet.

Pour mieux apprécier les *maxima* absolus et secondaires, j'ai comparé, dans le tableau suivant, leurs valeurs respectives à celles des *minima* absolus et secondaires que j'ai pris pour unité. J'ai de plus tenu compte dans les calculs de l'inégale longueur des mois. Ce tableau nous montre qu'à aucun âge de la vie, l'influence des saisons n'est plus sensible sur la mortalité que dans la vieillesse; et qu'à aucun âge elle ne l'est moins qu'entre vingt et vingt-cinq ans. Les *maxima* et *minima* absolus sont très-fortement prononcés jusqu'à l'âge de douze ans; leurs valeurs conservent un rapport à peu près invariable qui est de 17 à 10, comme entre 50 et 65 ans. Après ce dernier âge, le rapport augmente et devient même dans l'extrême vieillesse de 25 à 10 environ. Ces résultats sont bien propres à faire comprendre les soins qu'exigent les vieillards pendant les rigueurs de l'hiver, puisqu'après l'âge de 65 ans les grands froids causent chez eux une mortalité plus grande que chez les enfans en bas âge. Les *maxima* et *minima* secondaires présentent des nombres qui diffèrent beaucoup moins; on pourrait même attribuer leurs différences aux écarts que peuvent naturellement présenter les observations, si elles ne se manifestaient de la même

manière sur plusieurs années consécutives, et même dans les tableaux
partiels en faisant la distinction des sexes.

*Tableau indiquant les époques et les valeurs relatives des maxima des décès
pendant les différens mois de l'année et pour les différens âges de la vie.*

AGES.	MINIMUM absolu. ÉPOQUE.	MAXIMUM ABSOLU.		MINIMUM secondaire. ÉPOQUE.	MAXIMUM SECOND.re	
		VALEUR.	ÉPOQUE.		VALEUR.	ÉPOQUE.
De 0 à 1 mois.	Août.	1,49	Janvier.	. . . . .	. . . .	. . . . .
1 à 3 —	Juillet.	1,68	Id.	Septembr.	1,10	Août.
3 à 6 —	Novembre.	1,40	Id.	Avril.	1,14	Id.
6 à 12 —	Juillet.	1,75	Février.	Octobre.	1,06	Id.
12 à 18 —	Septembre.	1,76	Avril.	. . . . .	. . . .	. . . . .
18 à 24 —	Août.	1,69	Février.	. . . . .	. . . .	. . . . .
De 2 à 3 ans .	Id.	1,79	Mars.	. . . . .	. . . .	. . . . .
3 à 5 —	Id.	1,80	Avril.	. . . . .	. . . .	. . . . .
5 à 8 —	Id.	1,80	Mars.	. . . . .	. . . .	. . . . .
8 à 12 —	Octobre.	1,81	Avril.	. . . . .	. . . .	. . . . .
12 à 16 —	Id.	1,50	Mai.	Janvier.	1,10	Décembre.
16 à 20 —	Id.	1,46	Avril.	Id.	1,09	Id.
20 à 25 —	Juillet.	1,21	Mars.	Id.	1,18	Id.
25 à 30 —	Id.	1,25	Février.	Octobre.	1,05	Septembr.
30 à 40 —	Id.	1,46	Id.	Id.	1,08	Id.
40 à 50 —	Id.	1,46	Id.	Id.	1,10	Id.
50 à 65 —	Id.	1,72	Id.	Id.	1,03	Id.
65 à 75 —	Id.	2,05	Id.	Id.	1,06	Id.
75 à 90 —	Id.	2,29	Id.	Id.	1,02	Id.
90 et au delà .	Id.	2,55	Id.	Id.	1,05	Id.

J'ai tâché de rendre tous ces résultats sensibles aux yeux par la
construction d'une série de lignes correspondantes aux âges principaux, et qui, en s'élevant ou en s'abaissant plus ou moins, indiquent
la mortalité plus ou moins grande. Ces lignes ont été construites
d'après les nombres du tableau n° 1 [bis], qui se trouve reproduit
plus haut sous une forme plus commode.

Pour chacune de ces courbes, les ordonnées représentent la mortalité et les abscisses représentent les mois par leur distance à l'origine qui figure le commencement de l'année.

Si nous établissons maintenant la distinction des *sexes*, nous trouverons que, pour les diverses époques de la vie prises séparément, les nombres *maxima* et *minima*, tant absolus que secondaires, tombent à peu près identiquement aux mêmes mois, et que leurs rapports ont à peu près les mêmes valeurs; mais il est très-remarquable qu'il n'en est point ainsi du nombre *absolu* des décès pour chaque sexe (*voyez* les tab. 2 et 3); de sorte que c'est l'influence de l'âge et non l'influence des saisons qui établit des différences dans la mortalité des hommes et des femmes. Ainsi, pendant la première année qui suit la naissance, il meurt plus de garçons que de filles, et le rapport des décès des deux sexes est à peu près le même pour chaque mois; on pourra du reste en juger mieux en comparant les décès qui ont lieu pour les mêmes époques et pour les mêmes localités. Je me suis contenté de comparer entre eux les âges principaux, et j'ai pris pour unité le nombre de décès masculins.

Tableau indiquant la mortalité relative des deux sexes, le nombre des décès masculins étant pris pour unité.

MOIS.	1er MOIS.	1 A 2 ANS.	12 A 16 ANS.	16 A 20 ANS.	20 A 25 ANS.	40 A 50 ANS.	90 ANS et au delà.
Janvier . . .	0,75	0,95	1,32	1,04	0,83	1,21	1,18
Février . . .	0,70	0,91	1,42	1,08	0,83	1,22	1,30
Mars.	0,79	0,90	1,11	1,17	0,78	1,18	1,50
Avril.	0,73	0,94	1,23	1,18	0,80	1,21	1,44
Mai	0,75	0,96	1,45	0,97	0,80	1,30	1,40
Juin	0,67	0,97	1,28	1,16	0,73	1,18	1,20
Juillet	0,70	1,00	1,32	1,08	0,78	1,17	1,42
Août.	0,79	0,92	1,20	0,98	0,77	1,08	1,03
Septembre. .	0,79	0,98	1,31	1,01	0,73	1,06	1,47
Octobre . . .	0,67	0,99	1,22	1,01	0,68	1,11	1,50
Novembre . .	0,76	1,05	1,20	0,99	0,64	1,11	1,08
Décembre . .	0,76	1,05	1,20	9,96	0,64	1,18	1,48

Ainsi, il meurt beaucoup plus de garçons que de filles immédiatement après la naissance; le nombre de décès pour les deux sexes
devient à peu près le même vers la seconde année, mais il est plus
fort pour les femmes entre 12 et 16 ans; il redevient moindre que
pour les hommes entre 20 et 25 ans, puis plus grand vers la fin de
la vie. Ces résultats s'accordent bien avec ceux qui ont été donnés
dans les *Recherches sur la mortalité et la reproduction*, où l'on a
établi la distinction des villes et des campagnes, mais sans faire celle
des mois. On pourra former des rapprochemens au moyen du tableau
que je reproduis ici.

Tableau indiquant la mortalité dans les villes et dans les campagnes.

AGES.	DÉCÈS FÉMININS POUR UN DÉCÈS MASCULIN		AGES.	DÉCÈS FÉMININS POUR UN DÉCÈS MASCULIN	
	Dans LES VILLES.	Dans LES CAMPAGNES.		Dans LES VILLES.	Dans LES CAMPAGNES.
Mort-nés	0,75	0,59	De 18 à 21 ans.	1,02	1,08
De 0 à 1 mois.	0,75	0,73	21 à 26 —	0,79	0,90
1 à 2 —	0,73	0,84	26 à 30 —	1,00	1,17
2 à 3 —	0,82	0,83	30 à 40 —	1,14	1,60
3 à 6 —	0,79	0,86	40 à 50 —	0,98	1,20
6 à 12 —	0,94	0,97	50 à 60 —	0,93	0,85
De 1 à 2 ans .	0,94	1,03	60 à 70 —	1,04	0,95
2 à 5 —	1,00	1,09	70 à 80 —	1,30	1,00
5 à 14 —	1,12	1,07	80 à 100 —	1,47	1,09
14 à 18 —	1,22	1,34			

J'ai fait entrer dans ce tableau le rapport des mort-nés des deux
sexes. Ce rapport a été obtenu d'après les nombres recueillis dans
la Flandre occidentale seulement. J'ai recherché si les saisons avaient
aussi une influence pour faire varier le nombre des mort-nés; mais
cette influence est peu prononcée; il paraîtrait seulement que les

mois de janvier, de février et de mars en produisent plus que les autres mois de l'année. On en pourra juger par le tableau suivant [1].

Mort-nés dans les villes et dans les campagnes.

MOIS.	MORT-NÉS.		TOTAUX.
	VILLES.	CAMPAGNES.	
Janvier . . .	140	225	365
Février . . .	141	197	338
Mars	115	205	310
Avril	100	160	260
Mai.	102	162	264
Juin	104	162	266
Juillet	117	153	270
Août	108	136	244
Septembre . .	108	139	247
Octobre . . .	110	152	262
Novembre . .	90	143	233
Décembre. . .	106	179	285
TOTAUX. . .	1341	2013	3354

En faisant la distinction des villes et des campagnes, je n'ai pas trouvé, quant aux époques des *maxima* et des *minima*, des différences essentielles dans les résultats concernant l'influence des saisons sur la mortalité; mais ces quantités sont généralement plus prononcées dans les campagnes.

La marche du *maximum* absolu est à peu près la même des deux côtés, et l'on peut en dire autant de celle du *minimum* absolu. Les

[1] Les nombres de la Belgique s'accordent encore avec ceux de Genève. On en déduit aussi, comme M. Lombard en fait l'observation, que, quand on a égard au nombre des conceptions qui doit naturellement influer sur celui des mort-nés, les variations mensuelles sont à peu près insensibles.

petites irrégularités que l'on remarque dans le tableau pour les villes, tiennent sans doute à ce que les nombres pour certains âges
sont généralement faibles.

Quant aux *maximum* et *minimum* secondaires qu'on observe en
été pendant la première année qui suit la naissance, ils ne se pro-
noncent pas d'une manière aussi distincte que ceux qui s'établissent
aux mois de septembre et d'octobre après l'âge de 20 à 25 ans. Ces
derniers, quoique faibles dans leurs valeurs, se manifestent cependant avec tant de régularité et d'une manière si continue, qu'on ne
saurait révoquer en doute la période de l'année qui les détermine.

II. SUR L'ÉTAT ATMOSPHÉRIQUE PENDANT LES DIFFÉRENS MOIS DE L'ANNÉE.

Après avoir cherché à reconnaître par l'observation la marche que
suit la mortalité aux différentes époques de l'année, il ne sera pas
sans intérêt d'examiner quels sont les élémens météorologiques dont
elle semble plus particulièrement dépendre. La plupart de nos maladies en effet, et les décès qui en sont la suite, proviennent des fluctua-
tions que subit constamment le milieu mobile dans lequel nous vivons.

L'état thermométrique de l'atmosphère doit avant tout fixer notre
attention; nous n'aurons pas à considérer seulement les variations
de température qui se succèdent pendant le cours de l'année et qui
produisent les saisons; nous devrons encore avoir égard à ces changemens brusques qui surviennent dans l'espace d'un jour, changemens d'autant plus dangereux que l'on a souvent moins le temps de
se prémunir contre eux. Le tableau suivant comprend, d'après les
observations de cinq années faites à l'observatoire de Bruxelles, la
température moyenne de chaque mois avec les plus grands écarts
qu'elle a subis. Les trois dernières colonnes font connaître la variation moyenne que subit la température en 24 heures, selon les différens mois de l'année, en même temps que les variations *maxima*
et *minima* qui ont été observées aux mêmes époques.

Variations annuelle et diurne du thermomètre, d'après les observations faites à l'Observatoire de Bruxelles (1833—1837) [1].

MOIS.	TEMPÉRATURE			VARIATION DIURNE DE TEMPÉRATURE		
	Moyenne.	Maximum.	Minimum.	Moyenne.	Maximum.	Minimum.
Janvier	+ 1°,9	+13°,6	—20°,8	5°,1	10°,5	1°,4
Février	5,4	14,7	—10,7	5,5	10,5	1,5
Mars	5,8	20,4	— 6,6	6,9	12,8	2,4
Avril	8,4	22,0	— 4,4	8,3	12,8	3,5
Mai	13,6	29,6	+ 1,6	10,2	14,3	3,7
Juin	17,8	30,3	+ 3,7	10,4	17,6	5,0
Juillet	18,8	33,1	+ 7,2	10,8	17,8	4,0
Août.	18,1	29,8	+ 6,7	9,7	13,7	2,6
Septembre	14,9	28,7	+ 2,7	8,3	16,5	3,5
Octobre.	11,6	23,4	— 0,4	7,3	13,3	2,0
Novembre	6,4	18,8	— 4,4	5,7	11,2	1,3
Décembre	4,8	14,0	—10,4	4,9	9,3	1,2
L'ANNÉE	10,6	33,1	—20,8	7,8	17,8	1,2

Nous nous abstiendrons pour le moment de toute remarque au sujet des trois premières colonnes de ce tableau; mais nous ferons observer, en passant, que les variations que subit la température en 24 heures, semblent être en rapport avec l'intensité de cette même température; ainsi, c'est pendant l'hiver que le thermomètre varie le moins dans l'espace d'un jour : sa variation n'est guère que de 5 degrés centigrades; quelquefois elle a été à peu près nulle et une fois en cinq ans elle s'est élevée, au mois de décembre, à près de 10 degrés; tandis qu'aux mois de juin et de juillet la valeur moyenne de la variation diurne surpasse cette dernière quantité, sans s'abaisser guère au-dessous de 5 degrés et en s'élevant quelquefois jusque près de 18.

---

[1] Y compris les mois de janvier et de février 1838

De pareilles variations, quoique n'étant pas au nombre des causes les plus influentes sur la mortalité, pourraient bien amener chez les petits enfans et chez les vieillards, dont la constitution est si fragile, plusieurs des maladies qui vont produire un peu plus tard le *maximum secondaire* que nous avons remarqué.

L'état barométrique de l'atmosphère et les variations de pression qui surviennent dans l'air qui nous environne, ne paraissent pas devoir entrer en première ligne parmi les causes météorologiques qui influent sur la mortalité; il convient néanmoins d'y avoir égard. Nous donnons ici la hauteur du baromètre pour chaque mois et pour l'heure de midi, qui représente assez bien la hauteur moyenne; nous donnons en même temps les hauteurs extrêmes du mercure, d'après les moyennes de cinq années. Nous omettons les nombres qui se rapportent à la variation diurne, qui est assez bien prononcée, mais dont la valeur est faible dans nos climats.

Variations mensuelles du baromètre.

MOIS.	HAUTEUR MOYENNE du BAROMÈTRE.	HAUTEURS EXTRÊMES.		VARIATION par mois.
		Maximum.	Minimum.	
	mm.	mm.	mm.	mm.
Janvier.	758,86	773,36	737,93	35,43
Février.	755,65	768,88	736,37	32,51
Mars	755,89	768,21	736,77	31,44
Avril	755,82	765,81	739,74	26,07
Mai.	757,66	766,92	745,74	21,18
Juin	756,80	765,47	746,61	18,86
Juillet	757,06	764,09	746,91	17,18
Août	756,34	763,76	741,28	22,48
Septembre	755,10	765,15	738,22	26,93
Octobre	760,00	769,29	735,24	34,05
Novembre.	755,08	766,76	736,51	30,25
Décembre.	758,02	769,35	739,91	29,44
L'ANNÉE.	756,85	767,25	740,10	27,15

La hauteur moyenne du baromètre ne semble pas avoir une marche régulière et qu'on puisse facilement saisir pendant le cours de l'année ; cependant il paraîtrait qu'il y a un *maximum* en hiver, et que vers les équinoxes la pression atmosphérique est moindre. Les variations qui surviennent mensuellement dans l'état barométrique sont mieux caractérisées ; l'on voit en effet qu'en été les changemens de pression de l'air ne sont que la moitié de ce qu'ils sont généralement en janvier.

L'état hygrométrique de l'air mérite également de fixer notre attention. Nous avons, pour étudier son influence, présenté ci-après les moyennes des quantités d'eau tombée pendant chaque mois et d'après les relevés de 5 années. Nous avons aussi donné l'état de l'hygromètre de Saussure pour l'heure de midi, bien qu'à cette époque l'hygromètre soit un peu au-dessous de son état moyen, et nous y avons joint les limites extrêmes des indications de cet instrument.

État hygrométrique de l'air.

MOIS.	QUANTITÉ DE PLUIE		HYGROMÈTRE à MIDI.	INDICATIONS EXTRÊMES.		VARIATION par mois.
	Absolue.	Proport.		Maximum.	Minimum.	
Janvier. . . .	56,54	0,98	85°4	99°5	67°8	31°7
Février. . . .	53,97	0,94	78,9	96,8	61,9	34,9
Mars	55,90	0,97	73,1	96,7	51,4	45,3
Avril	48,09	0,83	68,5	95,6	47,4	48,2
Mai	39,55	0,69	64,2	94,5	46,2	48,3
Juin.	54,77	0,95	65,3	93,9	47,1	46,8
Juillet	55,85	0,97	64,2	93,9	42,9	51,0
Août	49,50	0,86	66,3	95,6	46,9	48,7
Septembre. . .	61,76	1,07	72,2	95,2	54,7	40,5
Octobre. . .	74,27	1,29	78,0	96,1	60,0	36,1
Novembre . .	71,65	1,24	81,0	95,8	68,1	27,7
Décembre . .	69,53	1,21	83,3	96,8	64,5	32,3
L'ANNÉE. . .	691,38	12,00	73,4	95,9	54,9	41,0

Le tableau qui suit servira de complément au précédent, il contient les indications des jours de pluie, de grêle, de neige, de tonnerre et de brouillard. Les deux dernières colonnes sont réservées aux jours pendant lesquels le ciel a été constamment ou couvert ou sans nuages.

MOIS.	NOMBRE DE JOURS, PENDANT CINQ ANS, DE						
	Pluie.	Grêle.	Neige.	Tonnerre.	Brouillard.	Ciel couvert.	Ciel découv.
Janvier . . .	86	10	12	1	27	46	11
Février . . .	80	5	10	1	11	27	15
Mars.	87	6	22	4	6	21	6
Avril	27	10	19	1	7	15	3
Mai	59	4	0	6	11	8	9
Juin.	65	3	0	10	3	0	1
Juillet. . . .	55	1	0	11	0	5	5
Août	56	0	0	8	1	11	4
Septembre. .	69	5	0	1	8	6	11
Octobre . . .	88	2	1	0	24	15	5
Novembre . .	79	1	5	0	18	32	4
Décembre . .	92	3	16	1	30	35	7
L'ANNÉE. . .	843	50	85	44	146	221	81

Les quantités de pluie tombée ne présentent pas de marche bien régulière; cependant l'automne et l'hiver ont, pendant les cinq dernières années, produit plus d'eau que le printemps et l'été. Le nombre de jours de pluie est assez bien en rapport avec les quantités de pluie tombée. L'état hygrométrique de l'air est à peu près en rapport inverse avec l'état thermométrique. C'est au mois de juillet, quand la température est le plus élevée, que l'hygromètre indique que l'air est le moins humide; et c'est vers cette époque que cet instrument manifeste les variations les plus grandes.

Le nombre de jours où le ciel a été complétement découvert est assez peu considérable, et il a été à peu près également réparti sur les différens mois des cinq dernières années. Le nombre de jours de ciel entièrement couvert a été, terme moyen, de **44** par année, et celui des jours de brouillard de **29**; ils se sont généralement présentés en automne et en hiver.

Quant à l'état des vents, voici les résultats que nous avons obtenus, en groupant les nombres d'après les quatre régions principales du ciel.

MOIS.	INDICATION DES VENTS ENTRE				VENTS DOMINANS.
	N. ET E.	E. ET S.	S. ET O.	O. ET N.	
Janvier.	82	113	232	119	SO.
Février.	76	37	238	155	SO.
Mars	186	49	178	141	NE. et O.
Avril	220	34	155	115	NE.
Mai	240	39	164	120	NE. et SO.
Juin.	104	76	266	119	SO.
Juillet	115	48	177	202	O.
Août	179	34	174	150	NE. et OSO.
Septembre.	101	69	211	98	SO.
Octobre	116	60	229	128	SO.
Novembre	127	26	238	98	SO.
Décembre	117	22	245	145	SO.
L'ANNÉE.	1663	607	2549	1590	

On voit que le vent le plus généralement dominant pendant l'année est celui du sud-ouest; il amène fréquemment les pluies. Le vent du nord-est domine vers le printemps et le mois d'août. La région située entre l'est et le sud est celle d'où le vent vient le plus rarement.

III. COMPARAISON ENTRE LES TABLEAUX MÉTÉOROLOGIQUES ET LES TABLEAUX DE LA MORTALITÉ POUR LES DIFFÉRENS MOIS.

Afin d'établir nos comparaisons avec plus de facilité, nous réunirons ici les nombres proportionnels qui expriment la mortalité aux différens mois et pour toute la Belgique.

Les résultats de 1827 à 1831 comprennent, comme nous avons eu occasion de le voir, 387,066 décès. Ceux de la période postérieure, de 1833 à 1836 inclusivement [1] comprennent 430,156 décès, et ceux de la période décennale de 1815 à 1826, 1,475,220 [2]; ce qui fait ensemble près de 2,300,000 observations.

Mortalité proportionnelle en Belgique.

MOIS.	1833—36.	1827—31.	1815—26.	MOYENNE.
Janvier	1,14	1,26	1,08	1,16
Février	1,18	1,20	1,15	1,18
Mars	1,20	1,17	1,11	1,16
Avril	1,15	1,08	1,03	1,09
Mai	1,00	1,00	0,95	0,98
Juin	0,90	0,88	0,89	0,89
Juillet	0,81	0,80	0,86	0,82
Août	0,85	0,84	0,92	0,87
Septembre	0,91	0,86	0,98	0,92
Octobre	0,94	0,86	0,99	0,93
Novembre	0,95	0,94	1,00	0,96
Décembre	0,97	1,09	1,02	1,03
L'ANNÉE.	12,00	12,00	12,00	12,00

Ces différens nombres sont rendus plus sensibles par les lignes figurées dans les planches II, III et IV.

Si nous jetons d'abord les yeux sur la courbe des décès, nous

[1] Voyez les *Annuaires de l'observatoire de Bruxelles.*

[2] Voyez page 189, tome 1ᵣ de l'ouvrage *sur l'homme*, etc., par A. Quetelet. Les nombres donnés sont la moyenne de chacune des années de la période décennale.

trouverons que son *maximum* en février et son *minimum* en juillet sont tellement prononcés qu'on ne pourrait guère se méprendre sur leur nature. Mais immédiatement après le *minimum*, la courbe se relève plus que ne semblerait le demander la loi de continuité. Elle indique une augmentation de mortalité, qui vient immédiatement après le *maximum* des chaleurs, comme le plus grand nombre de décès, en hiver, se présente après le *maximum* de froid. Nous avons déjà eu l'occasion de remarquer que cette plus grande mortalité qui suit les époques des températures extrêmes, s'attache plus particulièrement à la première enfance et à la vieillesse. Pour les autres âges, le *maximum* des décès, à la suite de l'hiver, se présente plus tard, peut-être parce que les individus sur lesquels il tombe, résistent plus long-temps, par la force de leur constitution, aux maladies qui doivent les enlever. Nos conjectures sembleraient être contradictoires avec les tables publiées en Écosse sur la durée des maladies [1]. Il résulte en effet de ces tables que la durée moyenne des maladies pour les individus de 20 à 45 ans, est au-dessous d'une semaine, tandis que pour les vieillards, elle va jusqu'à dix semaines; mais je pense qu'il se présente ici plusieurs difficultés qui n'ont pas encore été suffisamment éclaircies par les statistiques médicales. Il faudrait en effet avoir des tables distinctes pour les indispositions et les maladies qui sont suivies de guérison, et pour les maladies graves qui sont suivies de mort. Autant que je puis conjecturer concernant des lois sur lesquelles des données générales nous manquent encore, je serais disposé à croire que ces deux espèces de tables présenteraient des résultats bien différens. Nous manquons aussi de données précises sur la probabilité d'être malade à tel ou tel âge, quoique nous ayons des documens nombreux sur la probabilité de mourir.

Nous avons remarqué que les enfans et les vieillards sont exposés à une mortalité plus grande à la suite des fortes chaleurs de l'été; on pourrait se demander si les dangers naissent de l'excès même de ces chaleurs ou des variations brusques de température qui les ac-

[1] Voyez, tome 1, page 174 de l'ouvrage *sur l'homme*, etc.

compagnent, ou bien encore s'ils proviennent de maladies locales, d'exhalaisons délétères, etc. Pour éclaircir nos doutes, nous avons examiné la mortalité par mois dans les différentes provinces, pour reconnaître si le *maximum* des décès qui suit les chaleurs de l'été a quelque chose de local, ou s'il se reproduit dans toute l'étendue du royaume. Nous avons employé à cet effet les documens publiés par le gouvernement précédent sur la mortalité des provinces pendant la période décennale de 1816 à 1826; et nous avons, pour faciliter les comparaisons, calculé la mortalité proportionnelle en faisant les mois d'une égale longueur et en adoptant pour unité la mortalité moyenne des différens mois. Nous en avons fait autant pour les nombres concernant la période de 1833 à 1836 inclusivement [1]. Les résultats de nos calculs avec les moyennes qu'ils donnent, figurent dans le tableau suivant, et ces moyennes ont été rendues sensibles aux yeux dans la Ve planche.

[1] Voyez ces documens dans les *Annuaires de l'observatoire de Bruxelles*, et ceux des années précédentes dans les *Annuaires de Lobatto*.

Nous donnerons ici les chiffres originaux pour la mortalité dans les provinces de Luxembourg et d'Anvers pendant les dernières années, parce que ces provinces sont celles où l'influence des saisons se trouve respectivement le plus et le moins prononcée.

	LUXEMBOURG.				ANVERS.			
	1833.	1834.	1835.	1836.	1833.	1834.	1835.	1836.
Janvier	930	667	769	867	961	699	792	816
Février	751	722	692	771	804	797	699	733
Mars	924	809	822	826	916	874	752	748
Avril	683	825	762	765	827	931	727	747
Mai	528	570	637	654	724	902	661	792
Juin	449	460	425	493	739	687	594	667
Juillet	378	435	384	437	729	638	566	601
Août	369	473	358	403	945	810	669	661
Septembre	406	564	401	432	809	908	772	627
Octobre	435	627	437	451	677	1067	759	677
Novembre.	566	598	582	620	678	859	736	707
Décembre.	607	699	745	702	725	820	822	706
L'ANNÉE.	7026	7449	7014	7421	9534	9992	8549	8482

Mortalité proportionnelle des différens mois dans les provinces de la Belgique.

PROVINCES.	PÉRIODES.	JANVIER.	FÉVRIER.	MARS.	AVRIL.	MAI.	JUIN.	JUILLET.	AOUT.	SEPTEMBRE.	OCTOBRE.	NOVEMBRE.	DÉCEMBRE.
LUXEMBOURG . . .	1816 à 1825	1,43	1,44	1,45	1,21	0,91	0,77	0,67	0,65	0,66	0,77	0,86	1,19
	1833 à 1836	1,31	1,32	1,38	1,27	0,97	0,77	0,66	0,65	0,76	0,79	0,99	1,12
	Moyenne . .	1,37	1,38	1,41	1,24	0,94	0,77	0,66	0,65	0,71	0,78	0,92	1,15
NAMUR	1816 à 1825	1,24	1,30	1,30	1,22	0,96	0,86	0,82	0,76	0,78	0,83	0,85	1,06
	1833 à 1836	1,26	1,28	1,27	1,22	1,02	0,87	0,77	0,78	0,81	0,79	0,89	0,93
	Moyenne . .	1,25	1,29	1,28	1,22	0,99	0,86	0,80	0,77	0,80	0,81	0,87	1,00
LIMBOURG	1816 à 1825	1,21	1,20	1,24	1,18	1,01	0,88	0,81	0,79	0,83	0,89	0,95	1,03
	1833 à 1836	1,15	1,26	1,28	1,18	1,01	0,91	0,81	0,75	0,85	0,84	0,94	0,97
	Moyenne . .	1,18	1,23	1,26	1,18	1,01	0,90	0,81	0,77	0,84	0,86	0,94	1,00
LIÉGE	1816 à 1825	1,21	1,22	1,26	1,16	0,99	0,89	0,83	0,81	0,81	0,83	0,91	1,08
	1833 à 1836	1,14	1,13	1,17	1,09	0,96	0,86	0,84	0,82	0,87	0,93	1,10	1,08
	Moyenne . .	1,17	1,17	1,21	1,12	0,97	0,87	0,83	0,81	0,84	0,88	1,00	1,08
HAINAUT	1816 à 1825	1,24	1,27	1,26	1,18	0,98	0,91	0,84	0,79	0,81	0,88	0,87	1,02
	1833 à 1836	1,23	1,26	1,24	1,18	1,04	0,92	0,84	0,79	0,80	0,82	0,88	0,99
	Moyenne . .	1,23	1,26	1,25	1,16	1,01	0,91	0,84	0,79	0,80	0,85	0,87	1,00
BRABANT	1816 à 1825	1,14	1,20	1,19	1,13	1,00	0,91	0,85	0,84	0,88	0,91	0,93	0,98
	1833 à 1836	1,07	1,16	1,19	1,17	1,01	0,91	0,82	0,89	0,92	0,97	0,94	0,93
	Moyenne . .	1,11	1,18	1,19	1,15	1,00	0,91	0,83	0,86	0,90	0,94	0,93	0,95
FLANDRE orientle.	1816 à 1825	1,21	1,20	1,19	1,11	1,00	0,90	0,83	0,83	0,88	0,91	0,93	1,01
	1833 à 1836	1,12	1,18	1,17	1,16	1,01	0,90	0,82	0,86	0,93	0,94	0,94	0,95
	Moyenne . .	1,16	1,19	1,18	1,13	1,00	0,90	0,82	0,84	0,90	0,92	0,93	0,98
FLANDRE occidle.	1816 à 1825	1,18	1,17	1,21	1,15	0,99	0,91	0,85	0,81	0,87	0,89	0,94	1,04
	1833 à 1836	1,11	1,19	1,24	1,17	1,03	0,91	0,85	0,86	0,87	0,88	0,94	0,94
	Moyenne . .	1,14	1,18	1,22	1,16	1,01	0,91	0,85	0,83	0,87	0,89	0,94	0,99
ANVERS	1816 à 1825	1,18	1,18	1,17	1,13	1,00	0,91	0,82	0,82	0,91	0,97	0,93	1,00
	1833 à 1836	1,05	1,08	1,06	1,07	0,99	0,89	0,81	0,99	1,04	1,02	0,99	0,99
	Moyenne . .	1,11	1,13	1,11	1,10	1,00	0,90	0,81	0,90	0,97	1,00	0,96	0,99

Si nous jetons d'abord un coup d'œil sur les nombres *maxima* et *minima*, et sur les époques où ils se présentent, nous trouvons les résultats suivans :

Maxima et minima de la mortalité.

PROVINCES.	VALEURS		DIFFÉRENCES.	ÉPOQUES	
	MAXIMA.	MINIMA.		DES MAXIMA.	DES MINIMA.
Luxembourg	1,41	0,65	0,76	Mars.	Août.
Namur	1,29	0,77	0,52	Février.	Id.
Limbourg	1,26	0,77	0,49	Mars.	Id.
Hainaut	1,26	0,79	0,47	Février.	Id.
Liége	1,21	0,81	0,40	Mars.	Id.
Flandre occidentale . .	1,22	0,83	0,39	Id.	Id.
— orientale . . .	1,19	0,82	0,37	Février.	Juillet.
Brabant	1,19	0,83	0,36	Mars.	Id.
Anvers	1,13	0,81	0,32	Février.	Id.

La province de Luxembourg est donc incontestablement celle où l'influence des saisons se fait le plus ressentir : la mortalité du mois de mars est plus que double de celle du mois d'août. La différence est encore très-sensible en passant dans les provinces voisines de Namur, de Limbourg, de Liége et du Hainaut; dans le Brabant et les deux Flandres, l'inégalité des saisons est moins prononcée sur la mortalité; et dans la province d'Anvers elle atteint son *minimum*. Le Luxembourg est la province la plus élevée du royaume, la plus exposée aux intempéries des saisons, celle dont la température est la plus froide. Au contraire, les dernières provinces sont situées plus bas et semblent avoir la température la plus égale.

D'après des observations faites au château de Rollé, dans la province de Luxembourg, par M. De Wautier fils, la température y serait inférieure à celle de Bruxelles de plus d'un degré pendant les mois d'été et de trois degrés environ pendant l'hiver [1]. Nous ne pou-

[1] Voyez les *Annales de l'Observatoire de Bruxelles*, tome 1er, 2e partie.

vons certainement pas admettre que la mortalité soit en rapport avec les degrés de froid; plusieurs climats du Nord seraient là pour détruire nos assertions, mais nous avons au moins lieu de croire que l'homme se fait à la température moyenne des climats qu'il habite, et qu'une fois habitué à cet état moyen, il souffre dans nos latitudes beaucoup plus par les excès du froid que par ceux des chaleurs.

On a pu voir que le terme *maximum* de la mortalité se porte assez indistinctement sur les mois de mars et de février, tandis que le *minimum* se présente bien décidément en août dans toute la partie orientale du royaume, et en juillet dans les provinces des Flandres et d'Anvers.

Si nous continuons l'examen des courbes qui figurent la mortalité des différentes provinces, nous trouverons particulièrement dans celle qui concerne Anvers, l'indication d'un surcroît de mortalité à la suite de l'été; surcroît qui semble dû en partie aux fièvres intermittentes qui règnent alors dans cette province [1]. Ce *maximum* secondaire est aussi très-sensible dans la Flandre orientale qui, comme l'on sait, souffre également des fièvres intermittentes dans sa partie voisine de l'Escaut. Le Brabant et le Limbourg présentent encore une mortalité sensible à la suite des chaleurs, mais ce *maximum* secondaire est à peine marqué dans le Luxembourg et dans les provinces de Namur et de Liége.

[1] On peut consulter, au sujet des fièvres intermittentes qui désolent les bords de l'Escaut, une notice très-intéressante que M. Henri Marshall, inspecteur-général des hôpitaux de l'armée anglaise, a insérée dans le n° 133 du *Journal d'Édimbourg* pour la médecine et la chirurgie. Cette notice est relative à la mortalité affreuse qui dévasta les troupes anglaises qui firent, en 1809, l'expédition de l'Escaut. Cette expédition en totalité se composait de 70,000 hommes, ce qui forme, dit l'auteur, l'armée la plus considérable qui ait jamais quitté les bords de l'Angleterre. La première partie mit à la voile le 28 juillet et le reste suivit bientôt après. Le 20 août, les maladies commencèrent à se manifester parmi les troupes du sud Beveland ; le nombre des personnes atteintes s'éleva à 1,564. Le 26, le nombre des malades était de 5,000. Le 29, le quartier général retourna à Tergoes, et on laissa 16,764 hommes dans l'île de Walckeren. Le 1er septembre le nombre des malades dans l'île de sud Beveland était de 5,000 ; le 3, il était de 8,194. Le 7 septembre, le nombre des malades de toute l'armée, en y comprenant ceux renvoyés en Angleterre, surpassait le nombre de 10,948 ! Pour se faire une idée de cette mortalité affreuse, on n'aura qu'à jeter les yeux sur les tableaux suivans. Le

Il est assez remarquable que la grande mortalité, à la suite de l'hiver, et le *maximum* secondaire qui, vers l'équinoxe d'automne, semble rompre la loi de continuité, tombent aux époques de l'année où le baromètre est le plus bas et où l'atmosphère est le plus souvent et le plus brusquement bouleversée. Quant à la direction des vents, elle ne semble pas avoir une influence bien marquée. Les quantités

premier indique la force de l'armée (l'artillerie exceptée) qui s'embarqua pour l'Escaut au mois de juillet 1809, et le nombre des décès qui survinrent depuis cette époque jusqu'au 10 janvier 1810.

CLASSE.		FORCE.	TUÉS	MORTS au service.	MORTS en Angle- terre.	TOTAL des DÉCÈS.	DÉCÈS par mille hommes
Division de l'armée qui arriva en Angleterre le 7 ou le 8 septem- bre	Officiers	917	1	7	10	18	19
	Offic. non commission.	1,455	0	16	63	79	54
	Soldats.	19,522	9	243	1176	1428	73
Troupes destinées à la défense de Walckeren au commencement de septembre	Officiers	901	6	33	10	49	54
	Offic. non commission.	1,310	7	128	50	185	141
	Soldats.	16,574	83	1665	606	2354	142

Le tableau suivant montre quelle était la force de l'armée, en y comprenant l'artillerie, en même temps que le nombre de décès survenus depuis le 28 juillet jusqu'au 1er février suivant :

CLASSE.		FORCE.	DÉCÈS.	DÉCÈS par CENT HOMMES.
TROUPES DE LIGNE	Officiers . .	1,738	67	3,86
	Soldats . . .	37,481	3,999	10,6
ARTILLERIE.	Officiers . . .	126	3	2,4
	Soldats . . .	3,108	213	6,7
MOYENNE DES DEUX ARMES	Officiers . . .	1,864	70	3,7
	Soldats . . .	40,589	4,212	10,3

Cette expédition peut passer pour une des plus désastreuses que l'on ait faites, si l'on considère qu'elle n'a duré que deux mois environ. On remarquera qu'ici encore la mortalité est particulièrement retombée sur les simples soldats, qui ont été décimés dans ce court espace de temps ; la mortalité des officiers n'a été que le tiers environ de celle des soldats.

d'eau tombée suivent également une marche si capricieuse qu'il faudrait les observations d'un grand nombre d'années pour pouvoir la déterminer d'une manière un peu sûre.

En portant plus loin ces rapprochemens, et en partageant la vie humaine en deux périodes, dont l'une comprend l'âge du développement de l'homme et l'autre le temps qui suit ce développement, ainsi que la première année de la vie pendant laquelle l'enfant s'identifie en quelque sorte avec la mère qui le nourrit et partage ses chances de mortalité, on trouvera que le *maximum* absolu des décès est bien évidemment amené par les froids de l'hiver qui agissent immédiatement, et que les tendres enfans, dont l'organisation est plus délicate, meurent en plus grande quantité dès le mois même des plus grands froids. Le *maximum* secondaire des décès, qui suit les plus grandes chaleurs, met plus de temps à se manifester; et même le mois le plus chaud est celui qui est le moins chargé de décès; ce n'est que dans le mois suivant qu'il y a un accroissement de mortalité pour les enfans, et deux mois après pour les personnes développées. Je serais disposé à croire, d'après cela, que l'influence des chaleurs en Belgique a pour effet, moins d'amener directement la mort, que de développer des causes locales de destruction [1].

Quant à la période du développement de l'homme, on voit que le printemps lui est défavorable, et fait disparaître pendant un certain temps le *minimum* des décès de juillet pour ne mettre en évi-

---

[1] M. Lombard, dans son *Mémoire sur l'influence des saisons*, n'admet pas que le *maximum* secondaire des décès qu'il trouve en septembre et octobre pour les enfans de 1 à 2 ans, soit un effet de la continuité de la chaleur, comme le supposent MM. Villermé et Edwards : il pense qu'on pourrait l'attribuer « à la différence de température des jours et des nuits, qui n'est jamais plus forte qu'à cette époque de l'année. » Cette différence, selon lui, influe principalement sur le tube digestif, organe qui, chez les enfans, est très-susceptible de contracter des maladies graves. Resterait cependant à expliquer le *maximum* secondaire de septembre pour les âges plus avancés, que je retrouve aussi dans ses nombres : du reste, la cause présumée n'est certainement pas sans probabilité. Il paraîtrait, d'une autre part, que le climat de Genève ne ressemble pas à celui de la Belgique, pour ce qui concerne les variations diurnes les plus grandes du thermomètre, que M. Lombard place aux mois de septembre et d'octobre, page 10 de son mémoire, tandis que nous les avons trouvées en juin et juillet.

dence que le *minimum* secondaire qui arrive plus tard et qui se change ainsi en *minimum* absolu.

IV. *Conclusions.*

En résumant ce qui précède, il me semble que l'on peut en déduire les conclusions suivantes :

1º En étudiant en Belgique l'influence des saisons sur la mortalité, la vie de l'homme présente deux périodes principales : l'une comprend le temps que dure le développement physique, et s'étend jusque vers vingt-cinq ans, l'autre embrasse le reste de la vie.

2º Pour l'homme, après son développement, la saison la plus défavorable est l'hiver; les autres saisons se présentent dans l'ordre suivant : le printemps, l'automne et l'été.

Le *maximum* absolu des décès a lieu en février, et le *minimum* en juillet; la différence qui existe entre leurs valeurs va continuellement en croissant jusque vers la fin de la vie; elle n'est, vers 25 ans, que de 125 à 100, et finit par être de 255 à 100.

3º Il existe pour l'homme développé un rapport apparent bien marqué entre la marche du thermomètre et la mortalité; néanmoins à la suite du mois le plus chaud, qui est aussi le moins chargé de décès, il y a une augmentation sensible dans la mortalité. Le mois d'octobre, qui suit cette augmentation, présente un *minimum* de décès relativement aux mois entre lesquels il se trouve.

4º En prenant l'homme, *pendant son développement,* et en ne considérant d'abord que la première année qui suit sa naissance, année pendant laquelle l'enfant s'identifie en quelque sorte avec la mère qui le nourrit, on trouve qu'il a partagé aussi ses chances de mortalité : le *minimum* de décès a encore lieu en juillet et le *maximum* dès le mois de janvier, époque des plus grands froids. L'accroissement de mortalité qui suit l'excès des chaleurs se présente aussi plutôt pour les enfans que pour les personnes développées.

Cette augmentation de mortalité qui suit l'excès des chaleurs et surtout les froids de l'hiver, et qui frappe l'enfant pendant sa première année, avait déjà été reconnue pour les trois premiers mois de la vie par MM. Villermé et Milne Edwards. Toutefois l'action de l'été n'est guère sensible pendant le premier mois qui suit la naissance, et elle est à son *maximum* vers le sixième.

5° Après la première année qui suit la naissance et jusque vers la douzième, le *maximum* des décès s'éloigne de janvier en se rapprochant, par une suite d'oscillations, du mois de mai, où il se tient pendant quelque temps; puis il rétrograde depuis 16 ans jusqu'à 25, et va se fixer en février où il se tient jusqu'au déclin de la vie.

Le *minimum* des décès, à partir de la première année, se place à peu près régulièrement à cinq ou six mois de distance du *maximum*, et il tombe en août depuis la première année jusqu'à la huitième. De huit à vingt ans, il va se placer en octobre où, comme nous l'avons dit, il continue à former ensuite un *minimum* relatif jusqu'au terme le plus reculé de la vie.

6° Pendant le développement de l'homme, mais après la première année, on ne remarque pas de *minimum* de décès en juillet.

Quand on classe les saisons d'après la mortalité, on trouve l'ordre général suivant : le printemps, l'hiver, l'été et l'automne.

En ne considérant que l'âge de puberté, les saisons se rangent dans cet ordre un peu différent du premier : le printemps, l'été, l'hiver et l'automne; tandis que pour l'homme développé, l'ordre est le suivant : hiver, printemps, automne, été.

7° De douze à vingt-cinq ans, on remarque encore un *minimum* relatif dans les décès, en janvier, qui est, pour les autres âges, un des mois les plus chargés de décès.

8° En faisant la distinction des *sexes*, on trouve que pour les différentes époques de la vie, prises séparément, les nombres *maxima* et *minima* tant absolus que relatifs, tombent à peu près identiquement aux mêmes mois, et que les rapports des nombre *maxima* et *minima*, pour chaque sexe, ont à peu près les mêmes valeurs.

9° Il n'en est plus de même lorsque l'on compare le nombre

absolu des décès masculins au nombre absolu des décès féminins pour chaque âge de la vie; il existe alors une différence très-grande. Ainsi :

Immédiatement après la naissance, pour quatre garçons, il ne meurt que trois filles.

Cette différence défavorable aux garçons diminue successivement jusque vers l'âge de deux ans, et alors le nombre des décès des deux sexes est à peu près exactement le même jusqu'à l'âge de douze ans.

De 12 à 20 ans, on compte beaucoup plus de décès féminins que de décès masculins; le contraire a lieu de 20 à 25.

De 25 à 30, il meurt autant d'hommes que de femmes;

De 30 à 50, il meurt plus de femmes que d'hommes; de 50 à 65, le contraire a lieu; et après 65 ans, ce sont encore les décès féminins qui l'emportent numériquement sur les décès masculins.

D'où il suit que les décès des deux sexes sont en même nombre de 2 à 12 ans, de 25 à 30 et vers 65 ans; les décès masculins sont plus nombreux après la naissance, entre 20 et 25 ans, et de 50 à 65; ils sont moins nombreux au contraire que les décès féminins de 12 à 20 ans, de 30 à 50 et après 65 ans.

10° L'influence des saisons et des sexes exercée sur les mort-nés est à peu près la même que pour le nouveau né, quoique moins prononcée.

11° La différence de *séjour des villes ou des campagnes* n'introduit pas de changement essentiel dans les époques des *maxima* et *minima* des décès produits sous l'influence des saisons; mais les différences entre les nombres *maxima* et *minima* sont en général plus fortement marquées dans les campagnes.

TABLES

DE

LA MORTALITÉ EN BELGIQUE,

POUR LES HOMMES ET LES FEMMES, POUR LES VILLES
ET LES CAMPAGNES.

TABLEAU No 1.

Table Générale

DE MORTALITÉ POUR TOUTE LA BELGIQUE.

AGES.	JANVIER.	FÉVRIER.	MARS.	AVRIL.	MAI.	JUIN.	JUILLET.	AOUT.	SEPTEMS.	OCTOBRE.	NOVEMB.	DÉCEMBRE.	TOTAUX.
De 0 à 1 mois.	4290	3941+	3736	3153	2867	2560	2403	2442	2647	2795	2860	3311	37005
1 à 2 »	1115+	1003	988	741	711	623	612-	730+	642-	738	785	912	9600
2 à 3 »	775+	607	570	546	498-	494	514	565+	496	508-	532	625	6740
3 à 4 »	556+	492	472	439	443-	474	491	537+	453	434	403-	488	5682
4 à 5 »	480+	395	398	307-	369	361	364	380	378+	367	314-	374	4487
5 à 6 »	434+	374	342	320	316	280-	316	344	349+	318-	306	346	4054
6 à 8 »	695+	643	644	506	470	445	442-	558+	505-	535	514	537	6494
8 à 10 »	705+	631	673	633	566	443	389-	447+	414-	438	476	578	6386
10 à 12 »	708	712	772	808+	700	495	423-	433+	419	373-	426	582	6655
12 à 15 »	909	958	1076	1187+	1107	862	688	637	611-	640	629	848	10152
15 à 18 »	636	599	667	650+	655	532	541	500	429	436	464	525	6684
18 à 21 »	604	571+	587	565	511	421	431	416-	427	446	521	601	6101
21 à 24 »	533	513+	530	523	437	351	310	288	268-	301	412	487	4953
De 2 à 3 ans.	1605	1490	1715+	1070	1468	1236	1078	959-	995	1032	1108	1335	15781
3 à 4 »	968	912	969	976+	899	728	604	578-	568	664	707	830	9403
4 à 5 »	663	636	706	730+	610	523	438	410	405	381-	472	573	6555
5 à 6 »	473	481	529+	498	512	401	318	274-	317	318	354	403	4878
6 à 8 »	675	639	741+	691	640	524	429	433	412	405-	466	578	6632
8 à 10 »	447	440	519	562+	494	406	342	323	323	321-	329	403	4909
10 à 12 »	347	341	414	433+	396	324	307	323	275	241-	260	303	3912
12 à 14 »	267	243	323	323	349+	293	260	281	270	221-	258	279	3335
14 à 16 »	294	318	349	351+	353	321	310	250	296	256-	253	334+	3743
16 à 20 »	697	703	806	883+	862	777	749	744	663	650-	712	756+	9004

Âge													
53 à 56	933	897+	794	703	653	591	564	680	639	638	710	785	8653
56 à 59	890	920+	814	740	699	621	560	607	728	822	694	873	8783
59 à 63	1105	1046+	924	848	763	670	613	682	739	757	832	940	9918
63 à 65	1319+	1068	1006	931	867	811	709	744	728	837	979	1099	11089
65 à 67	990+	844	778	701	621	586	514	605	848	636	736	849	8508
67 à 69	988+	833	777	643	568	533	473	523	615	592	660	804	7949
69 à 71	1059	994+	900	727	699	571	531	578	600	674	703	865	8901
71 à 73	1018	955+	788	693	636	500	491	543	635	562	594	834	8238
73 à 75	1019	1011+	904	733	676	535	498	567	608	582	776	871	8747
75 à 77	1058	969+	851	716	643	532	512	583	671	635	726	898	8792
77 à 79	972	890+	735	702	549	559	470	510	597	559	698	816	8065
79 à 81	872	888+	709	627	564	472	424	453	496	525	590	746	7285
81 à 83	651	644+	580	447	376	345	298	345	366	350	451	509	5300
83 à 85	654	511+	456	407	340	277	239	243	286	299	393	464	4468
85 à 87	425	426+	332	267	252	204	158	203	231	243	289	348	3356
87 à 89	334	303	263	181	160	160	113	129	146	187	212	233	2429
89 à 90	99	119	68	48	57	43	46	49	53	66	69	85	803
90 à 91	83	95	81	55	54	45	35	40	41	48	58	70	715
91 à 92	49	60	49	38	33	32	30	19	19	22	46	49	446
92 à 93	46	50	34	34	24	23	20	16	28	27	31	40	370
93 à 94	57	23	33	27	18	14	13	19	16	16	23	35	293
94 à 95	31	24	17	17	16	17	12	14	13	20	17	15	213
95 à 96	15	18	17	13	18	8	13	8	16	10	15	23	172
96 à 97	23	31	19	10	13	10	8	14	11	9	11	15	157
97 à 98	18	11	9	8	3	6	1	3	7	7	9	9	91
98 à 99	7	7	3	2	3	5	3	»	6	3	4	7	50
99 et au delà.	11	11	8	4	2	3	3	3	8	7	10	9	79

TABLEAU No 1bis.

TABLE DE LA MORTALITÉ EN BELGIQUE.

AGES.	JANVIER.	FÉVRIER.	MARS.	AVRIL.	MAI.	JUIN.	JUILLET.	AOUT.	SEPTEMB.	OCTOBRE.	NOVEMB.	DÉCEMBRE.	TOTAUX.
De 0 à 1 mois.	4290	3941+	3736	3153	2967	2560	2403—	2442	2647	2795	2960	3311	37005
1 à 3 »	1890+	1610	1567	1287	1209	1117	1126—	1205+	1138—	1247	1217	1637	16340
3 à 6 »	1470+	1261	1212	1072—	1128	1124	1171	1261+	1179	1114	1023—	1208	14233
6 à 12 »	2108	1986+	2089	1947	1743	1383	1246—	1437+	1338	1346—	1416	1697	19735
12 à 18 »	1645	1567	1743	1837+	1763	1444	1220	1137	1040—	1076	1093	1373	16836
18 à 24 »	1137	1084+	1117	1088	948	772	741	704—	695	747	933	1088	11064
De 2 à 3 ans.	1606	1490	1715+	1670	1486	1236	1078	959—	995	1032	1198	1335	16781
3 à 5 »	1630	1648	1676	1715	1609	1351	1042	988—	973	1045	1179	1403	15968
5 à 8 »	1148	1120	1270+	1180	1183	935	747	706—	780	723	820	981	11510
8 à 12 »	794	781	933	935—	890	730	649	604	598	582—	689	706	8821
12 à 16 »	581—	661	672	674	703+	613	570	563	566	477—	611	613+	7083
16 à 20 »	697	783	806	882	882	777	749	744	625	650—	713	758+	9004
20 à 25 »	1152—	1185	1291+	1206	1290	1132	1082—	1096	1138	1122—	1215	1316+	14205
25 à 30 »	1100	1093+	1164	1117	1073	1074	952—	1005	996	982—	1023	1020	12599
30 à 40 »	2057	2101+	2057	1934	1845	1708	1574—	1757	1850	1775—	1744	1907	22307
40 à 50 »	2238	2167+	2139	1993	1884	1629	1623—	1770	1752	1845—	1792	2093	22605
50 à 65 »	5067	4723+	4309	3955	3628	3296	3000—	3300	3455	3401—	3883	4479	42685
65 à 75 »	5024	4637	4147	3496	3190	2725	2506—	2805	3106	3026—	3469	4113	42243
75 à 90 »	4965	4700+	3923	3395	2949	2601	2250—	2523	2840	2964—	3378	4098	40407
90 et au delà.	10	320+	270	208	182	162	135—	142	163	160—	223	278	2586
TOTAUX	40788	38568	37335	34804	33278	28857	26961	27237	27669	27879	30378	35312	387066

TABLEAU N° 2.

TABLE DE LA MORTALITÉ DES HOMMES EN BELGIQUE.

AGES.	JANVIER.	FÉVRIER.	MARS.	AVRIL.	MAI.	JUIN.	JUILLET.	AOÛT.	SEPTEMB.	OCTOBRE.	NOVEMB.	DÉCEMBRE.	TOTAUX.
De 0 à 1 mois.	2451	2327	2097	1819	1642	1530	1413	1373	1483	1674	1627	1884	21320
1 à 3 »	1033	897	903	715	677	637	645	760	645	691	734	833	9170
3 à 6 »	842	701	663	605	635	624	611	684	662	615	575	659	7877
6 à 12 »	1112	1007	1146	1011	913	717	634	749	712	694	760	932	10447
12 à 18 »	800	814	929	945	916	738	596	620	557	535	519	671	8640
18 à 24 »	575	565	571	560	462	388	389	338	317	381	467	531	5544
De 2 à 3 ans.	799	689	883	803	714	588	559	486	486	488	608	709	7811
3 à 5 »	836	801	836	844	753	612	531	500	490	470	532	697	7967
5 à 8 »	600	540	633	598	569	420	401	362	350	348	408	498	5727
8 à 12 »	419	363	438	451	429	328	312	286	262	261	291	335	4175
12 à 16 »	243	233	318	302	287	299	245	254	246	215	233	280	3122
16 à 20 »	342	388	370	405	438	360	361	375	330	324	358	386	4387
20 à 25 »	628	646	726	669	719	643	595	620	655	670	741	801	8113
25 à 30 »	505	506	568	533	521	537	482	519	508	528	503	535	6243
30 à 40 »	855	850	831	829	838	726	648	736	812	809	766	804	9494
40 à 50 »	998	975	982	899	818	748	746	852	848	779	851	959	10455
50 à 65 »	2637	2361	2154	2067	1916	1753	1607	1722	1864	1897	2037	2319	24334
65 à 75 »	2449	2300	2062	1759	1630	1375	1298	1466	1617	1545	1674	2075	21250
75 à 90 »	2440	2285	1819	1617	1425	1237	1045	1265	1351	1371	1607	1924	10886
90 et au delà.	156	139	108	87	76	74	57	70	66	64	107	112	1116
TOTAUX	20720	19396	19034	17518	16378	14304	13175	14037	14266	14369	15437	17944	196578

TABLEAU No 3.

TABLE DE LA MORTALITÉ DES FEMMES EN BELGIQUE.

AGES.	JANVIER.	FÉVRIER.	MARS.	AVRIL.	MAI.	JUIN.	JUILLET.	AOÛT.	SEPTEM.	OCTOBRE.	NOVEM.	DÉCEMBRE.	TOTAUX.
De 0 à 1 mois.	1389	1614	1639	1334	1225	1030	990	1069	1164	1121	1233	1427	15595
1 à 3 »	857	713	664	672	532	480	481	635	493	556	583	704	7170
3 à 6 »	628	660	549	467	403	500	560	577	517	498	448	549	6346
6 à 12 »	996	919	943	936	889	666	612	688	626	652	656	766	9238
12 à 18 »	745	743	814	892	846	706	633	617	483	641	574	702	8196
18 à 24 »	562	619	546	628	486	384	352	366	378	366	466	657	6510
De 2 à 3 ans.	808	901	833	867	754	648	519	473	509	644	590	626	7970
3 à 5 »	794	747	839	871	758	639	511	488	477	566	607	806	7991
5 à 8 »	648	680	637	591	683	505	346	344	279	375	412	483	5783
8 à 12 »	375	418	495	534	461	403	337	318	336	301	298	371	4646
12 à 16 »	318	339	354	372	415	344	325	309	321	262	279	333	3661
16 à 20 »	355	365	436	478	424	417	388	389	335	326	354	370	4617
20 à 25 »	624	639	565	537	571	499	467	476	483	452	474	616	6002
25 à 30 »	695	697	698	594	652	537	470	456	488	464	520	455	6356
30 à 40 »	1202	1251	1226	1106	1007	980	926	1021	1038	966	988	1103	12813
40 à 50 »	1210	1192	1157	1094	1066	881	877	918	904	866	941	1134	12240
50 à 65 »	2430	2363	2165	1889	1710	1543	1393	1678	1591	1694	1846	2160	22250
65 à 75 »	2575	2337	2085	1737	1660	1350	1207	1330	1489	1491	1795	2088	21093
75 à 90 »	2535	2416	2104	1778	1624	1364	1211	1257	1495	1493	1771	2174	21111
90 et au delà.	184	181	162	121	106	88	81	72	97	96	110	166	1470
TOTAUX.	20068	19172	18801	17256	16900	13963	12686	13200	13603	13510	14941	17468	190688

TABLEAU No 4. — MORTALITÉ DANS LES VILLES DE LA BELGIQUE (FLANDRES, HAINAUT, ANVERS ET NAMUR.)

AGES.	JANVIER.	FÉVRIER.	MARS.	AVRIL.	MAI.	JUIN.	JUILLET.	AOUT.	SEPTEMB.	OCTOBRE.	NOVEMB.	DÉCEMBRE.	TOTAUX.
De 0 à 1 mois.	691	652+	618	558	537	465—	486	502+	473—	496	493	612	6583
1 à 3 »	378+	308	296	255	220—	230	243	318+	297	254—	294	312	3373
3 à 6 »	287+	243	216—	223	238	256	302+	284	288	247	212—	230	3006
6 à 12 »	324	359	400+	337	293	287	272—	327	327+	278—	294	364	3562
12 à 18 »	293	286	388+	321	336	271	239	252—	256	263	277	304	3456
18 à 24 »	258	215	208	209	192	161	185	164	156—	203	243	292+	2486
De 2 à 3 ans.	305	301	283	299	254	229	243	215	192—	248	324	362+	3205
3 à 5 »	363+	283	294	297	297	263	258	231—	245	253	322	315	3421
5 à 8 »	200+	181	179	185	183	194	163	146—	158	166	177	195	2111
8 à 12 »	140	103	138	140+	116	110	100	91	98	89—	120	134	1379
12 à 16 »	98	97	95	95	108	105+	95	107	97	88	79—	97	1157
16 à 20 »	143	128	125—	158	174+	143	138	160	142	134—	157	157+	1757
20 à 25 »	259—	277+	250	223	245	216—	230	249	270	274	274	284+	3051
25 à 30 »	225	198	241+	211	201—	226	211	230	214	220	240	232	2649
30 à 40 »	418	405+	438	389	390	356	343—	367	388	384	386	419	4683
40 à 50 »	458	415+	455	438	367	317	343—	316	347	324	377	418	4575
50 à 65 »	1014	930+	872	816	735	658	590—	662	697	684	761	869	9286
65 à 75 »	883	874+	795	725	615	554	446—	550	553	568	650	763	7976
75 à 90 »	866	857+	749	669	567	501	457—	484	543	576	605	789	7663
90 et au delà.	63	59+	52	45	35	23	34	21—	37	34	40	55	498
TOTAUX.....	7664	7171	6992	6593	6101	5563	5386	5676	5722	5781	6325	7203	78177

TABLEAU No 5.

MORTALITÉ DANS LES COMMUNES DE LA BELGIQUE. (FLANDRES, HAINAUT, ANVERS ET NAMUR).

AGES.	JANVIER.	FÉVRIER.	MARS.	AVRIL.	MAI.	JUIN.	JUILLET.	AOUT.	SEPTBRE.	OCTOBRE.	NOVBRE.	DÉCEMBRE.	TOTAUX.
De 0 à 1 mois.	2154	2052+	1881	1560	1347	1159	1061	1044—	1216	1303	1356	1552	17685
1 à 3 »	1006+	892	857	699	680	571	534—	605+	572—	649	704	832	8631
3 à 6 »	830+	671	663	536	574	580	582	630—	631+	588	588	631	7175
6 à 12 »	1131	1088+	1094	1003	944	707	613—	850	644	680	732	861	10147
12 à 18 »	785	846	887	923+	910	784	636	633	606	600—	615	631	8456
18 à 24 »	546	635+	541	493	425	410	348	341—	334	340	440	511	5273
De 2 à 3 ans.	775	710	888+	789	733	621	505	460—	500	600	520	599	7694
3 à 5 »	791	803+	837	813	732	618	493	476	454—	503	528	666	7719
5 à 8 »	613	697+	668	650	606	468	422	395	365—	374	414	504	6164
8 à 12 »	431	444	538	554+	505	489	353	343	321	292—	307	377	4894
12 à 16 »	303—	296	400	383	404+	341	334	318	325	261—	270	337+	3980
16 à 20 »	353—	380	438	491+	464	416	392	448	348	328—	340	462+	4859
20 à 25 »	605	601+	649	635	658	685	641	622	487	480—	621	571	6855
25 à 30 »	545	677+	610	588	591	539	489—	504	482	466—	477	478	6294
30 à 40 »	1064	1120+	1041	989	1022	877	771—	923	909+	851—	864	935	11366
40 à 50 »	1168	1163+	1099	999	969	860	820—	933	884	838—	892	1072	11697
50 à 65 »	2016	2423+	2172	2057	1884	1732	1625—	1736	1716	1808—	1962	2334	23964
65 à 75 »	2205	2458+	2116	1794	1657	1379	1303—	1433	1610	1505—	1819	2161	22000
75 à 90 »	2631+	2293	2014	1721	1480	1307	1123—	1264	1391	1409—	1691	2070	20464
90 et au delà.	177	166+	141	86	90	77	60—	75	86	71—	111	138	1257
Totaux. . . .	21279	20314	18534	17633	16649	14457	12945	13533	13747	13830	16021	17712	196463

NOTE.

L'on trouve dans l'ouvrage de M. Ramon de La Sagra, *Historia economico-política y esta-dística de la isla de Cuba*, pag. 49, un tableau qui a pour objet de démontrer l'influence qu'exercent les saisons sur la mortalité aux différens âges, d'après les résultats recueillis pendant cinq ans à La Havane. On sait que, dans ce climat, la température varie peu aux différentes époques de l'année et qu'elle est toujours très-élevée. M. de La Sagra donne les nombres suivans comme formant les valeurs moyennes des températures observées pendant cinq années (1825 à 1829); l'auteur n'indique pas la nature de l'échelle, qui est proba-blement l'échelle centigrade.

Janvier.	22,18
Février.	24,07
Mars.	25,49
Avril	55,11
Mai	25,63
Juin	27,64
Juillet	27,57
Août.	27,07
Septembre.	27,04
Octobre	26,28
Novembre	23,95
Décembre	22,43

Ces températures, comparées aux chiffres de la mortalité présentés dans les tableaux suivans, font mieux ressortir les conclusions que nous avons déduites de nos propres obser-vations sur l'influence délétère des grands froids aux limites extrêmes de la vie. Pour les vieillards surtout, qui succombent en si grand nombre pendant les froids de nos hivers, on remarque à peine une différence sensible à La Havane.

TABLEAU

*Indiquant le terme moyen de la mortalité mensuelle aux différens âges,
déduit des observations de cinq années.*

BLANCS.

AGES.	JANV.	FÉVR.	MARS.	AVRIL.	MAI.	JUIN.	JUILL.	AOUT.	SEPT.	OCTOB.	NOV.	DÉCEM.	TOTAL.
De 0 à 10 ans . .	56,2	59,8	64,4	47,4	50,0	45,8	48,0	42,2	39,8	46,2	36,0	49,6	585,4
20 » . .	4,4	4,8	7,6	6,6	5,4	5,6	9,8	7,4	6,6	5,4	5,6	4,8	74,0
30 » . .	12,6	8,8	10,8	11,0	8,8	10,0	19,6	16,2	13,4	11,8	9,6	10,2	142,8
40 » . .	9,0	6,4	8,8	7,4	9,2	10,6	11,6	9,4	8,2	12,4	9,2	8,4	110,6
50 » . .	7,4	9,8	8,6	6,2	10,6	7,0	8,6	12,0	9,8	11,6	7,2	7,4	106,2
60 » . .	6,0	6,6	8,0	5,2	6,0	6,0	7,2	7,0	7,0	7,8	5,8	7,6	80,2
70 » . .	6,2	4,0	4,4	6,0	7,6	6,6	5,0	7,0	6,0	6,2	3,4	7,0	69,4
80 » . .	5,2	4,8	4,6	6,0	6,0	6,8	4,2	6,8	4,6	6,2	3,4	1,8	63,4
90 » . .	1,8	1,6	1,6	1,2	3,0	1,4	3,6	2,0	2,6	1,6	1,8	1,8	24,2
100 » . .	0,2	0,2	0,4	0,0	0,2	0,4	0,2	0,0	0,0	0,4	1,0	0,6	3,6
Au-dessus de 100	0,0	0,2	0,0	0,0	0,0	0,2	0,2	0,0	0,2	0,0	0,2	0,0	1,0
TOTAL. . . .	109,0	107,2	119,2	97,0	106,8	100,4	118,0	110,0	98,2	109,6	83,2	102,2	1260,8

DE COULEUR.

AGES.	JANV.	FÉVR.	MARS.	AVRIL.	MAI.	JUIN.	JUILL.	AOUT.	SEPT.	OCTOB.	NOV.	DÉCEM.	TOTAL.
De 0 à 10 ans . .	76,4	71,4	78,2	62,6	55,8	57,8	66,8	57,8	56,2	59,0	49,8	61,6	753,4
20 » . .	34,6	25,6	27,4	23,4	22,4	18,6	18,6	22,4	20,0	23,8	23,0	22,2	282,0
30 » . .	32,2	29,6	32,8	25,8	27,4	24,0	28,0	26,8	28,0	29,0	25,6	27,4	336,6
40 » . .	15,0	13,2	15,8	13,0	14,6	11,4	15,8	13,2	14,0	16,8	15,0	16,0	173,8
50 » . .	11,6	11,0	9,2	8,8	10,8	9,4	11,6	13,2	6,8	10,8	11,8	6,8	121,8
60 » . .	6,8	7,6	6,4	6,4	6,4	5,8	9,2	7,4	5,0	5,2	7,2	8,4	81,8
70 » . .	5,0	3,8	4,4	4,8	3,4	2,6	3,6	2,0	3,6	4,4	4,6	5,0	47,2
80 » . .	4,4	2,8	3,0	2,6	3,4	3,4	3,2	2,0	2,6	3,0	3,4	2,4	36,2
90 » . .	1,2	0,8	2,0	1,2	2,0	0,0	1,4	1,6	1,0	1,0	1,2	0,8	14,2
100 » . .	0,4	0,6	0,4	0,4	0,0	0,6	0,4	0,6	0,4	0,2	0,2	0,4	4,6
Au-dessus de 100	0,2	0,0	0,2	0,0	0,0	0,2	0,0	0,2	0,0	0,0	0,0	0,2	1,0
TOTAL. . . .	187,8	166,4	179,8	149,0	146,2	133,8	158,6	147,2	157,6	153,2	141,8	151,2	1852,6
TOTAL GÉNÉRAL.	296,8	273,6	299,0	246,0	253,0	234,2	276,6	257,2	255,8	262,8	225,0	253,4	3113,4

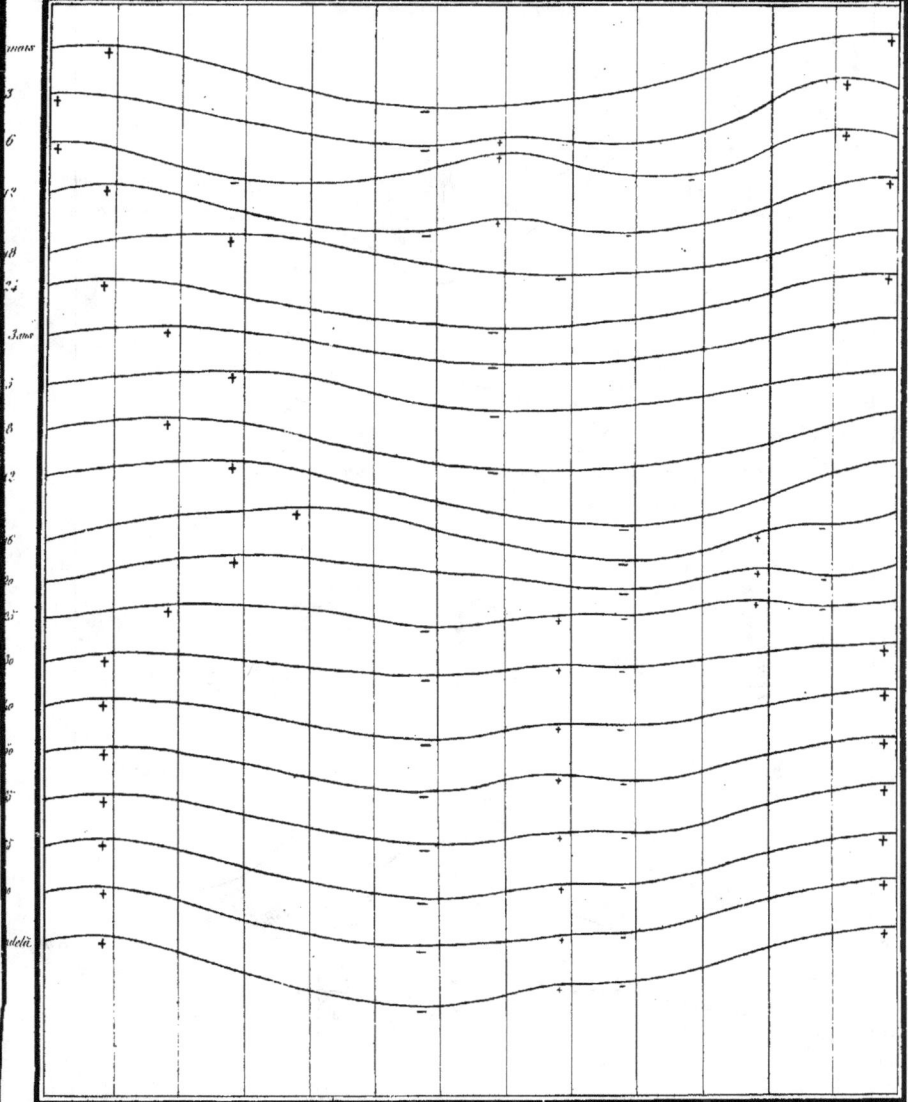

Lignes indiquant la mortalité de chaque mois, pour les différens âges.

Dessinées par A. Quetelet.   Lith. de Burggraaff, Bruxl.

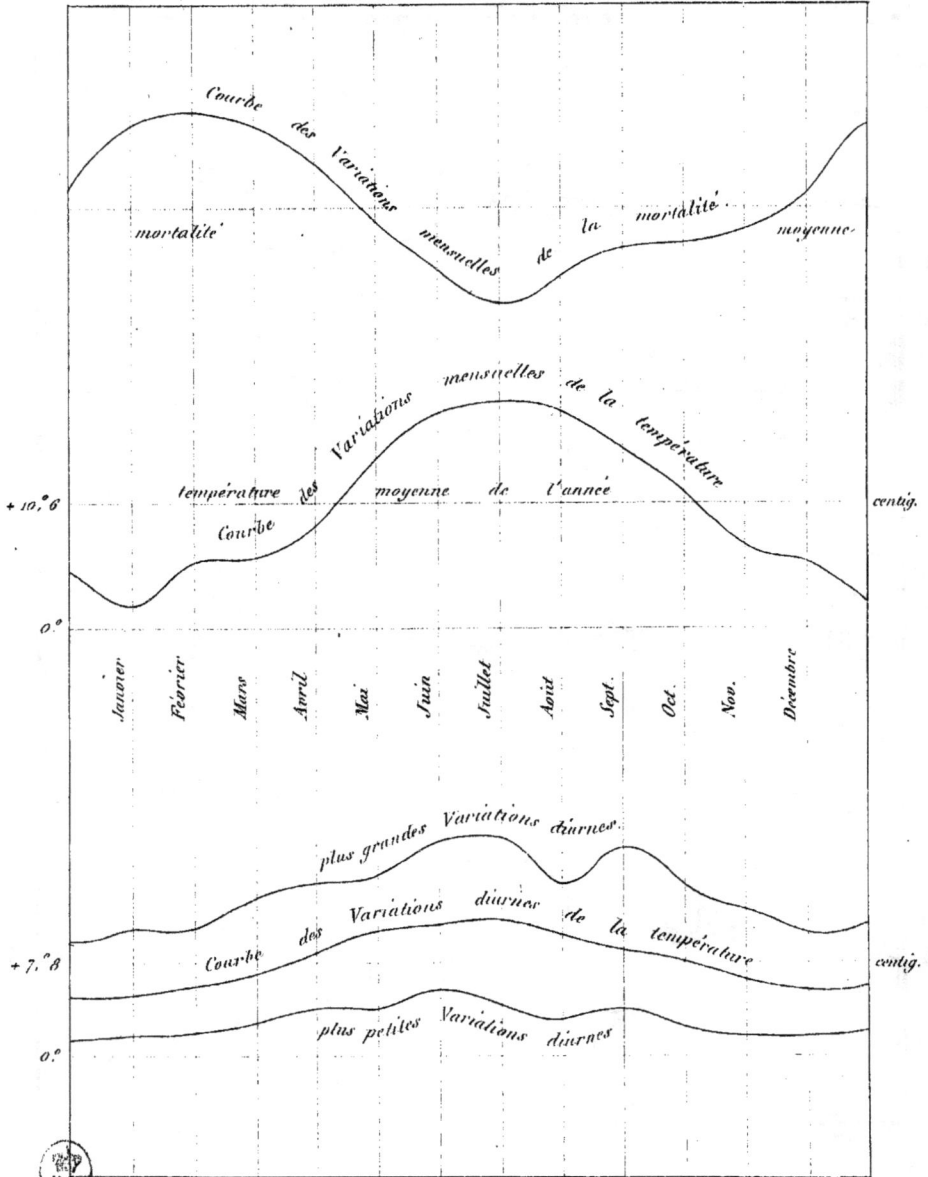

Courbe des variations mensuelles de la mortalité

mortalité la mortalité moyenne

Courbe des Variations mensuelles de la température

+ 10.°6 température des moyenne de l'année centig.

Courbe

0.°

Janvier Février Mars Avril Mai Juin Juillet Août Sept. Oct. Nov. Décembre

plus grandes Variations diurnes

Courbe des Variations diurnes de la température

+ 7.°8 centig.

plus petites Variations diurnes

0.°

Courbes de la mortalité et des températures à Bruxelles.

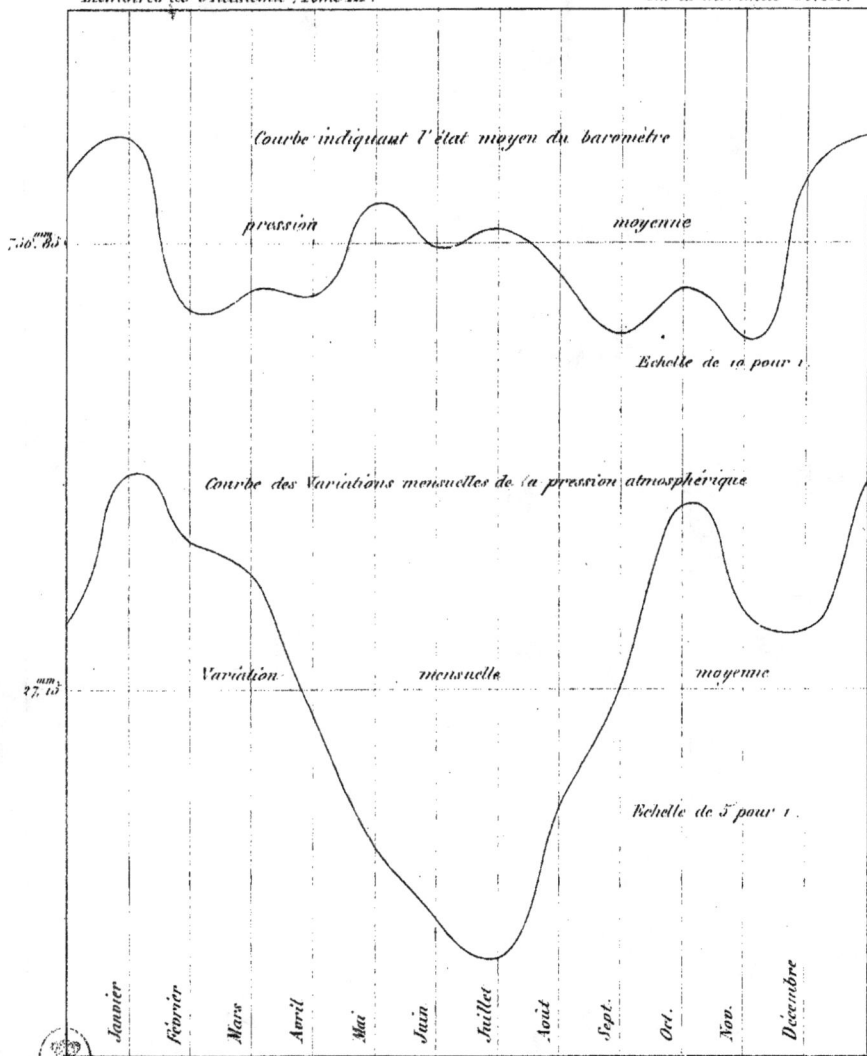

Courbe indiquant l'état moyen du baromètre

pression   moyenne

Échelle de 10 pour 1.

Courbe des variations mensuelles de la pression atmosphérique

Variation   mensuelle   moyenne

Échelle de 5 pour 1.

Janvier — Février — Mars — Avril — Mai — Juin — Juillet — Août — Sept. — Oct. — Nov. — Décembre

Courbes indiquant la pression atmosphérique à Bruxelles.

Courbe indiquant la quantité de pluie
tombée par mois.

Valeur   moyenne mensuelle

$57.^{mm}3$.

Echelle de 10 pour 6

Janvier Février Mars Avril Mai Juin Juillet Août Sept. Oct. Nov. Décembre

Courbe des maxima

Courbe indiquant les variations de l'hygromètre

Courbe des minima

B.R. Lith. de Bárographe. Bruxelles

Courbes indiquant, pour chaque mois, la quantité
de pluie et l'État moyen de l'hygromètre de Saussure.

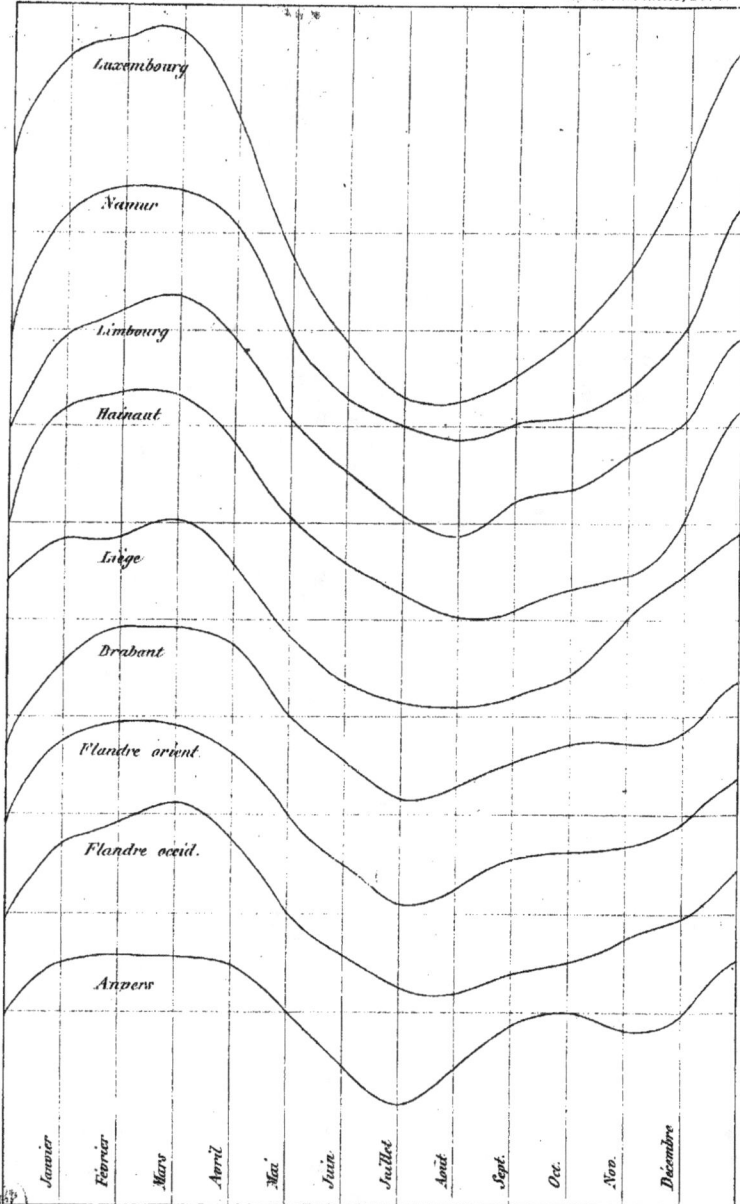

Luxembourg

Namur

Limbourg

Hainaut

Liège

Brabant

Flandre orient.

Flandre occid.

Anvers

Janvier   Février   Mars   Avril   Mai   Juin   Juillet   Août   Sept.   Oct.   Nov.   Décembre

Lith. de Lacy, grand'Pl. Bruxelles

Courbes indiquant la mortalité des différentes provinces de la Belgique.

www.ingramcontent.com/pod-product-compliance
Lightning Source LLC
Chambersburg PA
CBHW060744280326
41934CB00010B/2352

* 9 7 8 2 0 1 3 5 2 0 1 3 3 *